Catequese Caminhando com Jesus
II etapa de preparação à Eucaristia

Dados Internacionais de Catalogação na Publicação (CIP)
(Câmara Brasileira do Livro, SP, Brasil)

Igreja Católica. Paróquia Senhora Sant'Ana de Caetité
  Catequese Caminhando com Jesus: II etapa de preparação à Eucaristia / Paróquia Senhora Sant'Ana de Caetité, Rosângela Alves de Aguiar. 2. ed. – Petrópolis, RJ : Vozes, 2014. – (Caminhando com Jesus)

  Bibliografia
  ISBN 978-85-326-4471-8

  1. Catequese – Igreja Católica – Estudo e ensino 2. Eucaristia – Ensino bíblico I. Aguiar Rosângela Alves de. II. Título. III. Série.

12-13287   CDD-268.61

Índices para catálogo sistemático:
1. Catequese: Textos e manuais: Instrução religiosa   268.61

Paróquia Senhora Sant'Ana de Caetité
Rosângela Alves de Aguiar

Catequese Caminhando com Jesus
II etapa de preparação à Eucaristia

2ª Reimpressão
Julho/2016

EDITORA
VOZES

Petrópolis

© 2013, Editora Vozes Ltda.
Rua Frei Luís, 100
25689-900 Petrópolis, RJ
www.vozes.com.br
Brasil

Todos os direitos reservados. Nenhuma parte desta obra poderá ser reproduzida ou transmitida por qualquer forma e/ou quaisquer meios (eletrônico ou mecânico, incluindo fotocópia e gravação) ou arquivada em qualquer sistema ou banco de dados sem permissão escrita da editora.

Diretor editorial
Frei Antônio Moser

Editores
Aline dos Santos Carneiro
José Maria da Silva
Lídio Peretti
Marilac Loraine Oleniki

Secretário executivo
João Batista Kreuch

Organização textual: Maria Cecília M.N. Giovanella
Editoração: Maria da Conceição B. de Sousa
Ilustração: Daniel de Souza Gomes
Projeto gráfico e diagramação: Ana Maria Oleniki
Capa: Ana Maria Oleniki

ISBN 978-85-326-4471-8

Editado conforme o novo acordo ortográfico.

Este livro foi composto e impresso pela Editora Vozes Ltda.

Apresentação 7

Quem sou eu? 8

II etapa de preparação à Eucaristia, ... 9

    Uma palavra aos catequistas 9

    Uma palavra aos pais e/ou responsáveis 10

Querido(a) catequizando(a) 11

Encontro 1: Reunidos em nome de Jesus 13

Encontro 2: Bíblia: Antigo Testamento 16

Encontro 3: Bíblia: Novo Testamento 20

Encontro 4: Os profetas, mensageiros de Deus! 25

Encontro 5: Maria, mãe de Jesus 28

Encontro 6: Cantando com Maria, mãe de Jesus 30

Encontro 7: O anúncio da vinda de Jesus 33

Encontro 8: Nascimento de Jesus 36

Encontro 9: A Sagrada Família e a infância de Jesus 40

Encontro 10: O batismo de Jesus 44

Encontro 11: Jesus anuncia o Reino de Deus 46

Encontro 12: Jesus chama os discípulos 50

Encontro 13: As Bodas de Caná 53

Encontro 14: Os sinais do amor de Deus 55

Encontro 15: Jesus, um mestre diferente 58

Encontro 16: Um novo Mandamento 61

Encontro 17: Jesus nos ensina a rezar – O Pai-nosso 64

Encontro 18: Como eu fiz, façam vocês! 67

Encontro 19: Paixão e morte de Jesus Cristo 70

Encontro 20: Ressurreição de Jesus Cristo 72

Encontro 21: Jesus e os discípulos de Emaús 74

Orações 78

Anexo: Rito de eleição – Vossos nomes estão inscritos
    no livro da vida 79

Referências 81

Sumário

A catequese é para nós o coração da Igreja. Sem ela a evangelização fica prejudicada. Pois é a forma organizada, processual e metódica de educar na fé. Ela deve ser educação permanente para a comunhão e participação na comunidade cristã.

A(o) catequista é quem instrui na Palavra de Deus o discípulo de Jesus, o catequizando. Todos somos catequizandos, pois precisamos ser instruídos na Palavra.

O padre é o primeiro catequista e, assim sendo, quero convocar a todos para ingressar num mutirão evangelizador, por meio de uma catequese adequada que promova adesão pessoal e comunitária a Jesus Cristo, pois

> ou educamos na fé, colocando as pessoas realmente em contato com Jesus Cristo e convidando-as para segui-lo, ou não cumpriremos nossa missão evangelizadora (DAp 287).

Tenham os encontros de catequese caráter de iniciação cristã, marcadamente bíblico, gradual, simbólico e celebrativo. Aos catequizandos não batizados ofereçam a oportunidade de, ao final da III etapa, receberem o Batismo, precedido pelas celebrações dos ritos previstos de Eleição, Exorcismos e Entrega do Símbolo de Fé, adaptados a sua idade e com a participação dos colegas.

Meu coração exulta de alegria pela publicação dos três livros da Coleção *Catequese Caminhando com Jesus* para subsidiar catequistas e catequizandos da Eucaristia.

Costumo me referir aos catequistas como os operários da primeira hora e à catequese como o ministério mais difícil, contudo, mais gratificante. Aos catequistas desejo coragem, alegria, teimosia e perseverança. Nosso sincero agradecimento.

Aos pais e catequizandos, nosso desejo de que façam bom uso do material, enriqueçam-se com outras fontes e junto com o conhecimento venha a vivência.

Sant'Ana, modelo de educadora na fé, interceda a Jesus por nós.

Pe. Osvaldino Alves Barbosa
Coordenador da Unidade Pastoral de Caetité

Quem sou eu?

Meu Nome: _____

Meu Endereço: _____

_____

O dia em que nasci: _____

Cidade: _____ Estado: _____

Meus pais: _____ e _____

O dia em que recebi o batismo: _____

Meus padrinhos: _____ e _____

Meus irmãos: _____

_____

_____

O que mais gosto de fazer:

_____

_____

_____

Catequista(s) da turma:

_____

Horário dos encontros de catequese:

_____

_____

II ETAPA DE PREPARAÇÃO À EUCARISTIA

Uma palavra aos catequistas

Este II volume da coleção Catequese Caminhando com Jesus visa contribuir na iniciação cristã dos catequizandos que estão se preparando para receber o Sacramento da Eucaristia. Apresenta uma proposta de formação inicial que servirá de fundamentação para a caminhada de fé por toda a sua vida.

Nesta II etapa da catequese o enfoque central é a pessoa de Jesus Cristo: sua vida, suas obras e seus ensinamentos. Trata-se de uma catequese sistemática, com a apresentação de conteúdos bem planejados, respeitando, é claro, o(a) catequista e sua sensibilidade, bem como a capacidade intelectiva dos catequizandos, para motivá-los a participar nas celebrações litúrgicas e conduzi-los à inserção na comunidade eclesial.

A seguir apresentamos algumas sugestões que poderão ser trabalhadas para dar brilhantismo maior aos encontros de catequese:

- Que o desenvolvimento dos encontros prime pela afetividade nos relacionamentos ao acolher e respeitar as ideias e opiniões dos catequizandos, ao ajudá-los a se sentirem membros do grupo.

- Que a catequese seja reconhecida como parte da vida dos catequizandos ao estar atenta às datas comemorativas, como aniversários e festas religiosas da comunidade, tornando-as importantes e significativas.

- Que a interação catequese e família seja promovida por visitas coletivas às famílias dos catequizandos.

- Que os encontros sejam encantadores para enriquecer as propostas dos temas e textos do livro, propiciando aos catequizandos um ambiente que favoreça mais compreensão, experiências de oração, momentos de reflexão, atividades dinâmicas e lúdicas, organização de atividades especiais como passeio, visita à igreja e instituições sociais, entrevistas com o padre e agentes pastorais etc. Estas, entre outras possibilidades, contribuem para que possam perceber que a catequese é um trabalho orgânico na Igreja, que envolve muitas pessoas e grupos. O catequista não pode ser a única referência para o catequizando, mas é essencial para anunciar a Palavra de Deus e garantir uma parte do processo de educação da fé.

- Que o catequizando seja motivado a ler a Bíblia, seja por meio de leitura individual ou em grupo nos encontros e com a família. Para isso é importante criar círculos bíblicos mirins e incentivar os catequizandos a participarem.

- Que a prática da reflexão e meditação da Palavra de Deus seja aprofundada com a participação em retiros.

- Que se intensifique o aspecto orante da catequese, com momentos de espiritualidade bem preparados. Explorar e enriquecer os momentos de oração propostos nos encontros.

- Que sempre, quando se fizer necessário, os temas sejam ampliados, em dois ou mais encontros, para ajudar os catequizandos a realizar um encontro pessoal com o Senhor.

Uma palavra aos pais e/ou responsáveis

Cada família é convidada a participar da educação na fé dos catequizandos, seus filhos, para que pelo seu testemunho o anúncio dos valores do Evangelho, realizado nos encontros de catequese, tenha força em sua formação cristã.

Queridos pais e familiares, os catequistas contam com seu acompanhamento e ajuda aos catequizandos, em seu cotidiano, para que possam viver aquilo que semanalmente é anunciado nos encontros de catequese. Para isso, sugere-se que leiam o conteúdo deste livro para ajudá-los a refletir em família sobre a sua vida de fé, a sua relação com Deus, consigo mesmo, com os outros e com a Igreja. Ainda é importante para a formação cristã dos catequizandos, seus filhos, que também participem dos momentos celebrativos da comunidade e dos encontros com a família que a catequese promove. Desse modo, realiza-se a interação da catequese com a família visando garantir que ao final da III etapa os catequizandos participem da Eucaristia como a grande festa de comunhão com o Senhor e com a comunidade de fé.

Querido(a) catequizando(a)

Que a paz de Jesus esteja com você!

Estamos iniciando a II etapa de catequese de sua preparação para a Eucaristia.

Nesta II etapa vamos conhecer um pouco da história de Jesus Cristo: sua vida, suas obras e seus ensinamentos. Para isso, este livro apresenta textos, citações bíblicas, atividades e momentos de oração que ajudam a viver os ensinamentos do Mestre Jesus para conquistar a felicidade e testemunhar os valores do Evangelho junto à sua família, aos amigos e à sociedade.

Aproveite este ano para entrar em sintonia com Deus Filho, e nosso irmão Jesus. Fale também com Maria, pedindo-lhe para ajudá-lo a ter um ano de crescimento no entendimento da Palavra de Deus.

Um forte abraço na paz de Jesus.

REUNIDOS EM NOME DE JESUS   1

    Como é bom reencontrar nossos amigos da catequese. Muitos estiveram conosco no ano anterior, outros podem ter iniciado agora. O importante é manter e firmar os laços de amizade que nos unem.

    Mas como iremos fazer para que nosso grupo seja unido e mantenha um clima de harmonia e amizade no decorrer dos nossos encontros?

    Escreva a sua sugestão e depois conte para seu catequista e colegas:

_____

_____

> Neste ano o nosso grupo irá fazer uma grande caminhada. Iremos conhecer melhor o nosso amigo Jesus: o que Ele fez, as suas mensagens, as suas obras e os seus ensinamentos.

    Jesus, o nosso amigo, assim como nós, conviveu com muitas pessoas. Prometeu que sempre estaria presente no meio delas.

    ✿ Leia Mt 18,20 e saiba o que disse Jesus.

    Como é bom saber disto: sempre que estivermos reunidos rezando, participando da catequese, na missa, em casa... Jesus se faz presente e podemos contar com Ele.

ATIVIDADES

1. Faça um desenho bem bonito, mostrando como gostaria que fossem os encontros de catequese.

2. Relate a sua experiência:
   ☼ Quem me apresentou Jesus? Como?
   _____
   _____
   _____

☼ Quem é Jesus para mim?
_____
_____
_____
_____
_____
_____

☼ Cite os momentos que você se reúne com seus amigos, com sua família... para rezar, celebrar e nos quais sente a presença de Jesus.
_____
_____
_____
_____
_____
_____
_____
_____

O ENCONTRO EM ORAÇÃO

Jesus, o nosso amigo, disse-nos: "onde dois ou três estão reunidos em meu Nome, aí estou no meio deles" (Mt 18,20). Rezemos:

Obrigado, Jesus, por ser nosso amigo, amar-nos e querer permanecer conosco. Eu também quero muito estar sempre unido a Vós por meio dos encontros de catequese, das minhas orações pessoais, das orações em família, das minhas atitudes, da participação na missa.

Espontaneamente agradeça a Jesus por se fazer presente em sua vida, e depois, juntos, rezem a oração do Pai-nosso.

PARTILHANDO COM A FAMÍLIA

Leia para sua família Mt 18,20 e o que aprendeu sobre esse versículo bíblico. Combine com ela um momento diário de oração.

15

2 BÍBLIA: ANTIGO TESTAMENTO

No encontro de hoje vamos conhecer um pouco mais sobre os livros da Bíblia que formam o Antigo Testamento, no qual são contados os fatos ocorridos antes do nascimento de Jesus. Os livros do Antigo Testamento narram a história do povo de Deus e a sua espera pela vinda do Salvador que Ele lhes prometeu. São eles: o Pentateuco, os livros históricos, os livros sapienciais e os livros proféticos.

Pentateuco

É uma palavra de origem grega composta por dois termos que, segundo o pesquisador da Bíblia Padre José Carlos Fonsatti[1], significa:

- *Penta*: cinco.
- *Teuchos*: estojo onde se conservavam os rolos de papiro ou pergaminho.

O Pentateuco é um único livro que foi dividido em cinco partes para facilitar o seu manuseio e o conhecimento da história do povo de Deus. É o nome dado aos cinco primeiros livros da Bíblia. São eles:

1. Gênesis: relata a criação, a origem do mundo, dos homens, do mal e do povo de Deus com Abraão.

2. Êxodo: narra como o povo, que era escravo no Egito, foi libertado e o que aconteceu no caminho percorrido pelo deserto até o Monte Sinai e a Aliança com Deus.

3. Levítico: contém as leis religiosas, civis e morais para o povo de Israel.

4. Números: recebeu este nome por causa de dois recenseamentos realizados para contar o número dos habitantes de Israel no deserto. Fala da peregrinação de Israel pelo deserto durante quarenta anos.

5. Deuteronômio: apresenta uma cópia da Lei (Dt 17,18) que foi dada por Moisés nas planícies da região de Moab. Apresenta como o ser humano pode viver sua relação com Deus, consigo mesmo, com os outros seres humanos e com a natureza, convidando-o a uma vida de conversão e penitência, motivado pelo amor demonstrado por Deus na história.

---

[1] FONSATTI, J.C. *O Pentateuco*. Petrópolis: Vozes, 2002, p. 7.

Livros históricos São chamados assim porque narram a história da salvação desde a conquista da terra prometida até quase o início do Novo Testamento. São eles: Josué, Juízes, Rute, 1 e 2 Samuel, 1 e 2 Reis, 1 e 2 Crônicas, Esdras, Neemias, Tobias, Judite, Ester e 1 e 2 Macabeus.

Livros sapienciais Relatam a sabedoria dos homens e das mulheres como também da experiência do amor de Deus na vida da comunidade. Estes livros contêm orações, cânticos e poesias escritos à luz da fé. Eles são sete: Jó, Salmos, Provérbios, Eclesiastes, Cântico dos Cânticos, Sabedoria e Eclesiástico.

Livros proféticos Contêm a mensagem e a ação de homens chamados profetas, que procuraram resgatar a esperança, refletindo com o povo a importância de viver sua fé em Deus. Neles também se encontram alguns dados sobre a vida dos profetas. São eles: Isaías, Jeremias, Lamentações, Baruc, Ezequiel, Daniel, Oseias, Joel, Amós, Abdias, Jonas, Miqueias, Naum, Sofonias, Ageu, Zacarias, Malaquias e Habacuc.

O Antigo Testamento tem um grande valor para nós cristãos porque nele encontramos os relatos sobre a relação da aliança de Deus com seu povo e o seu projeto para a humanidade.

ATIVIDADES

1. Na Bíblia encontramos orientações de Deus para a nossa vida. Desenhe uma Bíblia e nela escreva algo que aprendeu do Antigo Testamento, em sua primeira etapa de catequese, que considera importante para ser vivido em seu dia a dia.

2. Escolha um dos livros do Antigo Testamento e descreva uma das histórias bíblicas, contida nele, que mais gostou. Depois explique por que essa passagem lhe chamou a atenção. Uma dica: lembre-se das histórias que você conheceu na I etapa.

_____

_____

_____

_____

_____

_____

_____

_____

_____

_____

_____

_____

O ENCONTRO EM ORAÇÃO

A Bíblia é a Palavra de Deus que nos ensina um modo de viver, um caminho a seguir.

Cada um lê espontaneamente o que aprendeu no Antigo Testamento que considerou importante para ser vivido em seu dia a dia.

Agradeçamos a Deus porque a sua Palavra ilumina a nossa vida. A Bíblia é fonte de fé, oração e vida. (Momento de silêncio.)

Cada um pega sua Bíblia e a segura com carinho enquanto todos cantam aclamando a Palavra de Deus.

PARTILHANDO COM A FAMÍLIA

Converse com sua família e conte sobre o encontro de hoje. Comente a passagem bíblica que mais chamou sua atenção e convide-os a falarem a deles.

19

3 BÍBLIA: NOVO TESTAMENTO

O Novo Testamento é o nome dado à coleção de livros que compõem a segunda parte da Bíblia, no qual encontramos relatos da vida de Jesus e sua mensagem, como também relatos sobre a vida das primeiras comunidades cristãs.

No Novo Testamento encontramos:

Os evangelhos
Os evangelhos foram escritos por Mateus, Marcos, Lucas e João; isto é, eles foram os escritores da história de Jesus. Mateus e João conheceram Jesus pessoalmente. Já Marcos e Lucas o conheceram por intermédio de outras pessoas, principalmente Pedro e Paulo. Todos eles tiveram uma mudança de vida depois de conhecer a mensagem e os ensinamentos de Jesus.

Evangelho segundo São Mateus

Mateus era um dos doze apóstolos de Jesus. Era cobrador de impostos e deixou tudo para segui-lo. Mateus escreveu em seu Evangelho que Jesus é o Messias anunciado no Antigo Testamento, o Salvador prometido que veio ensinar a prática da justiça e como realizar a vontade de Deus.

Evangelho segundo São Marcos

Marcos, também chamado João Marcos, escreveu seu Evangelho seguindo as pregações de Pedro. Reuniu as palavras e as atividades de Jesus para que as pessoas pudessem conhecê-lo e segui-lo, tornando-se seus discípulos.

Evangelho segundo São Lucas

Lucas era médico. Conheceu Jesus por meio das pregações de Paulo. Depois disso o acompanhou nas viagens que ele fez para anunciar o Evangelho. Lucas apresenta o caminho percorrido por Jesus para levar os homens a fazer uma revisão de sua história e a viverem um novo relacionamento baseado na partilha e fraternidade, de acordo com o Plano do Pai. Descreve nesse Evangelho o aspecto salvador de Jesus como caminho da paz e da justiça.

Evangelho segundo São João

João era o discípulo amado de Jesus. Ele sempre foi amigo do Mestre. Nunca o abandonou, nem mesmo junto à cruz. João escreve para ajudar as pessoas a crerem que Jesus é o Filho de Deus, aquele que revela o amor de Deus Pai à humanidade.

> Evangelho é uma palavra de origem grega e quer dizer Boa-nova.

- Leia as citações bíblicas e escreva qual é o significado da boa-nova/ boa notícia que apresentam.

    ☼ Mc 1,14-15

    _____

    _____

    ☼ Mt 3,11-12

    _____

    _____

☼ Lc 2,10-11

☼ At 2,22-24

☼ At 3,13-15

Atos dos Apóstolos

Lucas escreveu outro livro: Atos dos Apóstolos. Nele narra os acontecimentos que marcaram o nascimento da Igreja primitiva.

As cartas do Apóstolo Paulo

O Apóstolo Paulo escreveu várias cartas às comunidades cristãs: Tessalonicenses, Gálatas, Romanos, Coríntios e Efésios. Paulo escreveu essas cartas para ajudar as comunidades a enfrentarem os desafios, mantendo-se fiéis aos ensinamentos de Jesus. Além dessas cartas às comunidades, escreveu também a Timóteo, a Tito e a Filêmon, que eram seus colaboradores.

As cartas católicas

São chamadas cartas católicas as sete cartas restantes do Novo Testamento: uma de Tiago, duas de Pedro, três de João e uma de Judas. São dirigidas a toda a Igreja; por isso são chamadas católicas. Ainda há a Carta aos Hebreus, da qual não se tem certeza sobre sua autoria. Mas o conteúdo, pode-se dizer, é uma homilia, uma palestra sobre o sacerdócio de Jesus Cristo. O autor da Carta aos Hebreus procura mostrar que Jesus é o verdadeiro sumo sacerdote, pois ofereceu um sacrifício perfeito, seu próprio corpo, e não um animal, e entrou nos céus, onde está o trono de Deus.

O Apocalipse → É o último livro do Novo Testamento e foi escrito pelo apóstolo João. Apocalipse é uma palavra grega que significa revelação.

Os livros do Novo Testamento nos apresentam o anúncio da pessoa de Jesus Cristo, que veio ao mundo para estabelecer a aliança definitiva entre Deus e os homens.

ATIVIDADES

1. Pesquise na Bíblia e complete as informações dos quadros.

Mateus	
Abreviatura	
Número de capítulos	
O que destaca	
Um versículo que considere importante	

Marcos	
Abreviatura	
Número de capítulos	
O que destaca	
Um versículo que considere importante	

Lucas	
Abreviatura	
Número de capítulos	
O que destaca	
Um versículo que considere importante	

João	
Abreviatura	
Número de capítulos	
O que destaca	
Um versículo que considere importante	

2. O Evangelho narra a vida, a paixão, a morte e a ressurreição de Jesus. Os evangelistas ficaram tão apaixonados pelas mensagens de Jesus, pela sua nova maneira de ser e viver, que quiseram escrever para transmiti-las às outras pessoas.

☼ O que você gostaria de falar sobre Jesus a seus amigos, com base no que já conhece sobre Ele. Escreva neste espaço:

_____
_____
_____
_____
_____

 O ENCONTRO EM ORAÇÃO

Jesus veio anunciar o Reino de Deus – um novo modo de ser e viver –, ensinando o verdadeiro amor, a justiça, o perdão e a partilha. Mateus, Marcos, Lucas e João escreveram os evangelhos para contar às gerações futuras o anúncio da Boa-nova.

✥ Leia Mc 16,15 e conheça o que Jesus disse sobre o que precisamos fazer.

Vamos fazer o nosso anúncio lendo espontaneamente o que cada um escreveu na atividade 2 a respeito do que gostaria de falar sobre Jesus.

Após cada leitura todos repetem: *Vai e anuncia a Boa Notícia de Jesus.*

Com seu catequista e colegas encerre este momento cantando.

 PARTILHANDO COM A FAMÍLIA

Conte para sua família sobre o que aprendeu do Novo Testamento. Leia a mensagem que você escreveu sobre Jesus. Depois, combine com seus familiares como podem anunciar a pessoa de Jesus Cristo e seus ensinamentos.

OS PROFETAS, MENSAGEIROS DE DEUS!

4

O profeta é escolhido e chamado por Deus para ser seu mensageiro. Nos momentos de dificuldades Deus chama pessoas, que possuem firmeza na fé, a serem seus profetas no meio do seu povo.

O desejo de Deus é ver todas as pessoas felizes. Porém, algumas se desviam do seu caminho, não querem viver segundo a sua vontade. É nesse momento que Ele conta com os profetas para anunciar as verdades e denunciar as injustiças praticadas pelos mais fortes, oprimindo os mais fracos.

Em grupos, sob a orientação do catequista, leiam os textos bíblicos e apresentem aos colegas como os profetas foram chamados. Depois registrem o que aprenderam.

- Is 6,1-9
- Jr 1,1-10
- Ez 1,1-3
- Ez 2,1-7
- 1Sm 3

_____
_____
_____
_____
_____
_____
_____

Os profetas se fizeram presentes no Antigo Testamento falando em nome de Deus e ajudando o povo a se manter fiel a Ele. Foram eles,

25

também, que anunciaram a vinda do Messias, renovando a esperança do povo ao dizer-lhes: "Por isso, o Senhor mesmo vos dará um sinal: eis que a jovem mulher está grávida e vai dar à luz um filho, e lhe dará o nome de Emanuel" (Is 7,14).

Pesquise na Bíblia outros versículos nos quais os profetas anunciam a vinda do Messias e escreva-os nos espaços.

☼ Mq 5,2

_____
_____
_____

☼ Zc 9,9

_____
_____
_____

Todos os profetas anunciaram a Palavra de Deus e também foram fiéis, cumpriram a vontade de Deus.

ATIVIDADES

1. Converse com seus colegas e catequista sobre pessoas que, em sua realidade, defendem a vida sendo fiéis aos valores do Evangelho e anunciam a pessoa de Jesus Cristo. Depois, registre o que fazem e o que mais chamou sua atenção.

_____
_____
_____

2. Deus, quando faz o seu chamado, não faz distinção entre homens e mulheres, classe social, idade, estado civil ou tribo. No Antigo Testamento também encontramos mulheres que eram profetizas. Leia os textos bíblicos e escreva seus nomes no espaço a seguir:

☼ Ex 15,20

_____

☼ Jz 4,4

_____

☼ Is 8,3

_____

3. O profeta é aquele que anuncia, denuncia e aponta caminhos. Condena os que oprimem os pobres e convida à conversão. Como podemos ser profetas hoje em nosso meio? Em nossa casa, em nossa escola, com nossos amigos...

_____

_____

_____

 O ENCONTRO EM ORAÇÃO

Nos dias atuais também existe muita opressão. Por isso, grande parte do povo é infeliz. Então, continuamos a precisar de profetas, e Deus não deixa de enviar esses mensageiros.

Algumas vezes os profetas tentaram recusar o convite e fugir de sua missão. Como Jeremias (Jr 1,4-8) e Jonas (Jn 1,1-3). Mas Deus lhes deu força para que pudessem viver sua missão profética.

- Leia os textos e pense:
  - O que o texto nos ensina?
  - Alguma vez agi como Jeremias e Jonas?
  - Que atitude posso ter para anunciar a Palavra do Senhor?

Rezemos: *Senhor, fortaleça-me para ser mensageiro da tua Palavra e testemunha do teu amor no lugar onde vivo. Que possa ser portador da verdade, da esperança e da justiça a cada um que precisar. Assim seja.*

 PARTILHANDO COM A FAMÍLIA

Converse com sua família sobre o que aprendeu em relação aos profetas.

Reflitam: Como podemos fazer para seguir o exemplo dos profetas?

5 MARIA, MÃE DE JESUS

Um dia nasceu uma menina que Deus tinha escolhido entre todas as mulheres. Enquanto crescia, Maria não pensava em outra coisa a não ser em agradar a Deus e fazer tudo por Ele!

Amava e ajudava os outros, e todos a queriam bem. Viveu sempre como uma verdadeira filha de Deus. Seus pais eram **Joaquim e Ana.**

Maria era uma jovem simples e pobre que morava na cidade de Nazaré, na Galileia. Estava noiva de José. Era uma jovem que tinha muita fé em Deus e vivia todos os Mandamentos. Um dia recebeu a visita do Anjo Gabriel.

- Leia Lc 1,26-38 e converse com seus colegas sobre o que o texto ensina.

 Maria com seu sim aceitou dar à luz a Jesus e dedicar sua vida a serviço do Plano de Deus. O seu sim nos ajudou a conhecer o grande amor que Deus tem por todos nós, individualmente.

ATIVIDADES

1. Maria disse sim ao Anjo Gabriel. Copie Lc 1,38.

_____
_____
_____
_____

2. Vamos refletir: Em que momentos **eu** digo **SIM** à vontade, ao chamado de Deus?

_____
_____
_____

3. Faça um desenho da reação de Maria diante do anjo.

O ENCONTRO EM ORAÇÃO

Maria disse ao Anjo Gabriel: "Eis aqui a serva do Senhor. Faça-se em mim segundo a tua palavra" (Lc 1,38).

Como Maria, você pode dizer com todo amor: *Faça-se em mim (cada um pronuncia seu nome) segundo a tua palavra.*

Junto com seu catequista e colegas peça a Maria para que interceda por nós, para que possamos seguir o seu exemplo de modelo de vida na oração, na fidelidade, na bondade e no serviço, rezando uma Ave-Maria.

Encerrem o encontro com um canto dedicado a Maria.

PARTILHANDO COM A FAMÍLIA

Converse com sua família sobre a anunciação do nascimento de Jesus.

Reflitam: Como nós podemos dizer sim a Deus, como Maria, colaborando para que o amor dele seja vivido em nossa família, em nossa comunidade, com nossos amigos e na escola?

6 CANTANDO COM MARIA, MÃE DE JESUS

Quando o Anjo Gabriel apareceu a Maria, também lhe disse que Isabel, sua prima, estava esperando um filho que nasceria em três meses. Sabendo das dificuldades de Isabel e Zacarias, seu esposo, Maria não pensou duas vezes: foi para as montanhas, onde eles moravam, para ajudá-los.

Maria nos ensina que a generosidade está presente nas atitudes das pessoas que se colocam disponíveis para ajudar o seu próximo. E Maria era assim: **sempre disposta a ajudar quem estivesse precisando**.

- Para conhecer o que aconteceu quando Maria visitou Isabel, leia o texto de Lc 1,39-56.
  - O que este texto ensina?

Maria, ao responder a Isabel, revelou conhecer a realidade e necessidade do povo de sua época. Ela também expressou sua fé em Deus como libertador. E foi essa fé que a levou a dar seu sim a Deus, colocando-se a serviço para o bem da humanidade, trazendo seu Filho ao mundo.

ATIVIDADES

1. O que Isabel disse a Maria quando elas se encontraram?
   _____
   _____

2. Como Maria respondeu a Isabel? Conte com suas palavras
   _____
   _____

3. No *magnificat* Maria revelou as atitudes de Deus. Você sabe dizer quais são?
   _____
   _____
   _____
   _____

4. Como podemos imitar a disponibilidade de Maria praticando atitudes que agradem a Deus? Responda desenhando.

5. Em grupo, sob a orientação do catequista, crie uma situação para mostrar como podem seguir o exemplo de Maria e ajudar a quem precisa. Depois a dramatizem usando a criatividade.

 O ENCONTRO EM ORAÇÃO

Peçamos a Maria para que interceda por nós junto a Jesus, e assim possamos agir com disponibilidade seguindo o seu exemplo. (Momento de silêncio.)

Vamos rezar ou cantar o *magnificat*: Lc 1,47-55. Podem ser feitos dois coros. Cada um lê um versículo.

 PARTILHANDO COM A FAMÍLIA

Converse com sua família sobre a disponibilidade de Maria. Comente também sobre o texto bíblico do encontro.

Combine realizar uma atitude de generosidade partilhando seu tempo como voluntário, ajudando a quem precisa, visitando um amigo ou membro da família, fazendo uma doação...

Rezem juntos uma Ave-Maria.

Ave Maria, cheia de graça, o Senhor é convosco, bendita sois vós entre as mulheres, e bendito é o fruto do vosso ventre, Jesus. Santa Maria, mãe de Deus, rogai por nós pecadores, agora e na hora de nossa morte. Amém.

O ANÚNCIO DA VINDA DE JESUS

7

Sempre que alguém vem nos visitar gostamos de nos preparar para recebê-lo, não é mesmo?! Organizamos nossa casa, nossos horários, preparamos uma comida especial. Porém, o mais importante mesmo é ter o coração aberto para acolhê-lo com amor e carinho.

João é considerado o maior dos profetas porque foi enviado para preparar a vinda de Jesus Cristo. Ele era filho de Zacarias e Isabel, prima de Maria. Cresceu no deserto, fazendo penitência. Ele veio anunciar a chegada de Jesus Cristo e convidava todos à conversão, mudança de vida e ao batismo. Pedia que todos preparassem seu coração para receber o Senhor. Como ele batizava, foi chamado João Batista.

- Vamos conhecer mais de sua história lendo:
    - Lc 1,5-25
- Para saber o que dizem sobre João Batista ser precursor de Jesus Cristo, leia:
    - Jo 1,6
    - Jo 1,20.26-27
    - Mc 1,4
    - Mt 3,2-3

> João Batista orienta e convida todos a se prepararem para receber Jesus, mudando o jeito de pensar e agir, de acordo com os valores do Reino de Deus; praticando a solidariedade, a justiça, a fraternidade e a promoção da vida.

# ATIVIDADES

1. Complete as frases:

   ☼ João era filho de _____ e _____. Ela era prima de _____. João veio preparar o povo para receber _____.

   ☼ João é chamado o _____ do Messias.

2. O anjo disse a Zacarias, o pai de João Batista, que ficaria mudo até o nascimento dele. Leia Lc 1,62-64 e escreva o que aconteceu.
   _____
   _____

3. João Batista nos convida à conversão, à mudança de vida e a viver os valores do Evangelho da partilha e solidariedade. Para saber como ensinou isso, copie o versículo do Evangelho de Lc 3,11.
   _____
   _____
   _____

4. Olhando a sociedade na qual vivemos, o que você diria às pessoas? Como você pediria a elas para que fossem solidárias, justas, que vivessem a partilha? Qual seria seu argumento? Escreva neste espaço.

5. Forme palavras usando as letras do nome de João Batista, com base no que aprendeu sobre ele.

J_____
O_____
A_____
O_____

B_____
A_____
T_____
I_____
S_____
T_____
A_____

O ENCONTRO EM ORAÇÃO

Quando João Batista nasceu, seu pai profetizou em louvor a Deus por meio do hino que ficou conhecido como Cântico de Zacarias.

Ler Lc 1,67-80.

Cada um pode escolher o versículo que mais gostou e repeti-lo várias vezes, guardando-o no coração.

PARTILHANDO COM A FAMÍLIA

Comente com sua família que entre as pessoas escolhidas para indicar o caminho de Deus encontramos o maior de todos os profetas: JOÃO BATISTA. Ele veio anunciar a chegada de Jesus, preparar o caminho do Salvador.

Convide-os a pensar como podemos fazer para que as pessoas de nossa convivência "enxerguem" Jesus Cristo e vivam seus valores.

35

8 NASCIMENTO DE JESUS

O nascimento de uma criança sempre é um momento muito especial. Diante desse acontecimento todos querem visitá-la, saber com quem se parece, qual o nome que escolheram.

Neste encontro vamos conhecer a história do nascimento de Jesus: **como Deus Pai nos envia seu Filho**.

Naquele tempo o imperador quis saber quantas pessoas moravam no país. Assim, ordenou que fosse feito um recenseamento, para saber a quantidade de habitantes. Para isso, todos precisaram se deslocar até a cidade em que nasceram para preencherem um novo registro. Este foi o motivo que fez com que José e Maria, mesmo estando grávida, deixassem Nazaré e seguissem para Belém. Foi uma viagem longa e cansativa.

Quando chegaram a Belém, a cidade estava repleta de pessoas que, assim como José e Maria, tinham ido para participar do recenseamento. Foram em todas as hospedarias e não conseguiram lugar. Enquanto procuravam, Maria sentiu que havia chegado a hora da criança nascer. Não dava mais para esperar! Veja então o que aconteceu.

✾ Leia Lc 2,6-21.

Escreva no espaço indicado o que os anjos diziam: Lc 2,14.

_____
_____
_____
_____
_____

Os pastores foram visitar o Menino Jesus. E mais tarde foi a vez dos magos que, guiados por uma estrela, levaram presentes para Ele.

- Para conhecer melhor como isso aconteceu, leia Mt 2,1-12.

Jesus nasceu para todos e convoca as pessoas a viverem de modo justo, fraterno, solidário e a construírem juntas uma nova história.

ATIVIDADES

1. Toda criança, quando nasce, precisa ter um documento chamado Certidão de Nascimento. Vamos preencher a sua certidão:

Nome: _____

Data de nascimento: _____

Nome do Pai: _____

Profissão: _____

Nome da mãe: _____

Profissão: _____

Cidade: _____

País: _____

Agora vamos preencher a Certidão de Nascimento de Jesus:

Nome: _____

Data que comemoramos seu nascimento: _____

Nome do Pai adotivo: _____

Profissão: _____

Nome da mãe: _____

Profissão: _____

Cidade: _____

País: _____

2. Escreva neste espaço o que o anjo disse aos pastores em Lc 2,12.

_____

_____

3. Pense com seu catequista e colegas: Onde encontramos crianças que, hoje, nascem como Jesus, em situação de dificuldades, sem condições de alimentação e vestuário? Que outras situações difíceis poderíamos citar? O que poderíamos fazer por essas crianças?

_____

_____

_____

_____

4. **Bancando o detetive:** converse com seu catequista e colegas e registre no espaço indicado o que descobriram sobre o significado dos presentes que os magos deram a Jesus.

☼ Ouro:

_____

_____

_____

☼ Incenso:
_____
_____
_____

☼ Mirra:
_____
_____
_____

 O ENCONTRO EM ORAÇÃO

Jesus, o Filho de Deus, nasceu em um lugar humilde e com simplicidade. Trouxe-nos a Boa-nova.

Permanecendo em silêncio, reflita:

- Jesus, hoje, quer nascer em nosso coração!
- Como podemos acolhê-lo em nossa vida?
- Onde podemos visitar Jesus nos dias de hoje?

Agora imagine Jesus na manjedoura e que o nosso coração é a manjedoura que acolheu Jesus. Junto com seus colegas, diga:

Obrigado, Jesus, porque veio nos revelar o amor do Pai. Entrego-lhe meu coração para que nele o Senhor faça moradia permanente.

Todos: *Assim seja.*

 PARTILHANDO COM A FAMÍLIA

Converse com sua família e conte que Jesus de Nazaré nasceu em uma família pobre e que viveu no meio de seu povo de Israel. Hoje muitos bebês também nascem passando por inúmeras dificuldades. Que tal escolher uma família carente que tenha uma gestante ou um bebê e encontrar a melhor forma de ajudá-la? Uma criança é sempre motivo de alegria e de esperança de um futuro melhor.

9

A SAGRADA FAMÍLIA
E A INFÂNCIA DE JESUS

Deus, quando enviou seu Filho Jesus, quis que Ele tivesse uma família. Assim como nós, Jesus foi educado no meio familiar. Maria cuidou dele, dando-lhe carinho, alimentando-o e lhe ensinando a rezar. Sempre fiel à Palavra de Deus, ela cuidava de sua família com muito carinho. Estava sempre preocupada com os outros, em não deixar faltar nada para ninguém. Maria pensava sempre no bem-estar de todos! José, por sua vez, era carpinteiro, e Jesus, antes de sua vida pública, ajudava-o também nesse trabalho.

Desenhe neste espaço:

A Família de Jesus

A minha família

Jesus crescia em tamanho, sabedoria e graça

Jesus, para cumprir o costume dos judeus, saiu de sua cidade, juntamente com Maria e José, para ir ao Templo de Jerusalém e celebrar a Páscoa. Veja o que aconteceu quando Ele tinha 12 anos.

 Leia Lc 2,41-52.

Converse com seu catequista e colegas sobre o que o texto bíblico revela sobre Ele.

Jesus viveu como qualquer criança de seu tempo. No entanto, a diferença que existia entre ele e as demais crianças era o fato de que sabia que tinha uma missão: revelar ao mundo o amor de Deus Pai e sua proposta de vida nova.

ATIVIDADES

1. Como é bom ter a nossa família. Com ela compartilhamos o amor em todos os momentos. É um presente de Deus. Vimos que na família de Jesus, conhecida como Sagrada Família, todos tinham uma responsabilidade: Maria cuidava do lar, José era carpinteiro e Jesus ajudava o pai no trabalho. E na sua família?

   ☼ Quem tem emprego e o que faz.

   _____

   _____

☼ Quem trabalha em casa e quais são os serviços que faz.

☼ Como você contribui nos trabalhos de sua casa.

2. Jesus, conforme o costume judaico, saiu de sua cidade e foi ao Templo de Jerusalém para comemorar a Páscoa. Hoje muitas pessoas participam de procissões, romarias, caminhadas, excursões, peregrinações a um lugar religioso. Você ou alguém que conhece já participou de algum desses momentos religiosos? Conte neste espaço.

Crescer faz parte do desenvolvimento humano. Porém, crescemos de várias maneiras: no **tamanho**, quando ficamos maiores, nos alimentando de forma saudável, tendo uma boa noite de sono, praticando atividades físicas; na **sabedoria**, quando vamos à escola, estudamos, lemos; na **graça**, quando alimentamos a nossa espiritualidade: conhecendo mais Jesus Cristo, rezando, participando da missa, da catequese...

3. Desenhe nos quadros alguns exemplos de coisas que você faz e lhe ajudam:

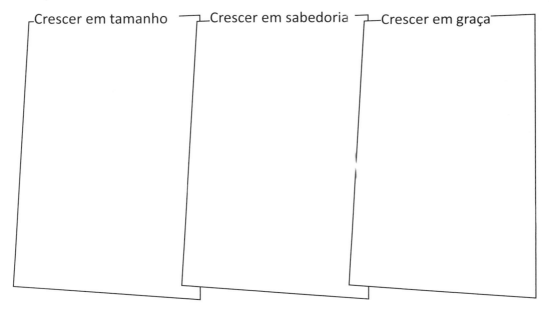

Crescer em tamanho   Crescer em sabedoria   Crescer em graça

 O ENCONTRO EM ORAÇÃO

"Jesus crescia em estatura, em sabedoria e graça diante de Deus e dos homens" (Lc 2,52).

Agradeçamos a Deus pelas oportunidades que temos de crescer em todas as dimensões.

Por tudo que me ajuda a crescer em tamanho. (Orações espontâneas.)

Por tudo e todos que me auxiliam a crescer em sabedoria. (Orações espontâneas.)

Por todos que me ensinam a crescer em graça. (Orações espontâneas.)

Pela Sagrada Família ser sempre luz para a minha família.

Por tudo isso dizemos: obrigado(a), Senhor.

 PARTILHANDO COM A FAMÍLIA

Converse com sua família: Qual a melhor maneira de crescermos na graça, iluminados pela Sagrada Família? Pensem e depois procurem vivenciar as ideias que tiveram.

10 O BATISMO DE JESUS

Quando Jesus completou 30 anos, saiu de sua cidade, Nazaré, e foi para o Rio Jordão encontrar-se com João Batista. Este preparou o caminho para a vinda de Jesus e dizia às pessoas: "Eu vos batizo na água, mas eis que vem outro mais poderoso do que eu, a quem não sou digno de desatar a correia das sandálias. Ele vos batizará no Espírito Santo e no fogo" (Lc 3,16).

Jesus pediu a João Batista que o batizasse.

🙢 Leia Mc 1,9-11 para conhecer como aconteceu o batismo de Jesus.

Jesus não tem pecado, mas quis ser batizado para mostrar que Ele vem ao encontro dos pecadores com o amor e a misericórdia de Deus. Após ser batizado, Jesus deixou a sua cidade, Nazaré, e iniciou sua vida pública, para cumprir a missão de revelar a vontade de Deus e se colocar a serviço do povo, em favor da vida.

ATIVIDADES

1. Todos nós fomos batizados um dia. Com certeza, você não só viu as fotos de seu batismo, como também sua família deve ter contado tudo como aconteceu. Escreva no espaço

    ☼ Dia do meu batismo: _____

    ☼ Nascido em _____

    ☼ Realizado na igreja _____

    ☼ Na cidade de _____

    ☼ Tendo como padrinhos _____
    _____

    ☼ Celebrante: _____

2. Leia atentamente Mc 1,10 e diga qual o símbolo do Espírito Santo de acordo com este versículo bíblico.
    _____
    _____
    _____

3. Leia Mc 1,11 e escreva o que ocorreu durante o batismo de Jesus.
    _____
    _____
    _____
    _____

 O ENCONTRO EM ORAÇÃO

Ser batizado significa nascer para a vida cristã. Passamos também a participar da missão de Jesus, no serviço a Deus e aos irmãos.

 Senhor, que a luz do Espírito Santo ilumine cada um de nós para nos fortalecer em nossa missão, e assim nos colocarmos, seguindo o exemplo de Jesus, a serviço do amor ao próximo: na escola, em casa, na família, com os amigos... e especialmente em nossa comunidade. Assim seja.

 PARTILHANDO COM A FAMÍLIA

Converse com sua família sobre o batismo de Jesus e o seu. Revejam as fotos, se houver, falem sobre os ritos. Faça uma memória desse dia e depois conversem sobre como estão vivendo a missão do batismo, como filhos de Deus.

11
JESUS ANUNCIA O REINO DE DEUS

Jesus nos ensina que o Reino de Deus é para todas as pessoas. Após seu batismo, Jesus vai para Nazaré e no dia de sábado, conforme o costume judaico, Ele se apresenta como o Messias e anuncia o seu Projeto, seu plano de vida.

- Vamos ler Lc 4,14-22 e conhecer o programa das atividades de Jesus.

Ao olharmos para o passado vimos que no Antigo Testamento Moisés recebe as tábuas da Lei que nos mostram uma maneira de viver regida pelo amor. No Novo Testamento é Jesus quem nos apresenta um outro jeito de viver quando anuncia o seu programa e as Bem-aventuranças como uma maneira de agir e de ser cristãos, para que alcancemos a felicidade.

- Leia Mt 5,1-12.

Quando vivemos as Bem-aventuranças ajudamos a construir o Reino de Deus. Ao dizê-las, Jesus anuncia a felicidade não apenas na terra, mas também no Reino dos Céus.

Desde o início de sua pregação Jesus dizia que o Reino de Deus está no meio de nós. Todos são chamados a vivê-lo de forma fraternal, buscando ter atitudes humanas de partilha, solidariedade, justiça.

ATIVIDADES

1. Destaque o que mais lhe chamou atenção no Programa de Vida de Jesus. Para isso leia Lc 4,18-19.

   _____
   _____
   _____
   _____
   _____
   _____
   _____

2. Converse com seu catequista e colegas sobre os versículos Lc 4,18-19 e registre no espaço indicado o que vocês entenderam sobre o Projeto de Jesus.

   _____
   _____
   _____
   _____
   _____
   _____
   _____

3. Jesus foi enviado para anunciar a Boa-nova aos pobres. Qual seria uma boa-nova, boa notícia aos pobres nos dias de hoje?

   _____
   _____
   _____
   _____

4. Vendo tudo que acontece ao seu redor, pela televisão, internet, jornais e revistas, diga: O que você pensa que precisa ser mudado para que se instaurasse o Reino de Deus nos dias de hoje?

   _____
   _____
   _____
   _____

5. Escolha no texto de Mt 5,1-12 a Bem-aventurança que mais chamou sua atenção e a desenhe. Depois explique por que você gostou mais dessa Bem-aventurança.

O ENCONTRO EM ORAÇÃO

Peçamos a Deus que nos ajude a sermos colaboradores na construção de seu Reino.

Rezar junto com seus colegas de catequese a Oração atribuída a São Francisco.

Senhor, fazei-me instrumento de vossa paz.

Onde houver ódio, que eu leve o amor.
Onde houver ofensa, que eu leve o perdão.
Onde houver discórdia, que eu leve a união.
Onde houver dúvida, que eu leve a fé.
Onde houver erro, que eu leve a verdade.
Onde houver desespero, que eu leve a esperança.
Onde houver tristeza, que eu leve a alegria.
Onde houver trevas, que eu leve a luz.
Ó Mestre, fazei que eu procure mais consolar que ser consolado,
compreender que ser compreendido,
amar que ser amado.
Pois é dando que se recebe,
é perdoando que se é perdoado,
e é morrendo que se vive para a vida eterna.

 PARTILHANDO COM A FAMÍLIA

Converse com a sua família sobre o que aprendeu e leia para ela o que o Catecismo da Igreja Católica (2449) nos ensina: "Quando servimos aos pobres e doentes, servimos a Jesus. Não devemos cansar de ajudar o próximo, porque nele é a Jesus que servimos".

Depois, que tal fazer um programa de atividades com sua família para ajudar na construção do Reino de Deus, hoje?!

12 JESUS CHAMA OS DISCÍPULOS

Jesus começou sua vida pública anunciando o Reino de Deus. Os discípulos estiveram a seu lado, participaram de sua vida. Seguiram Jesus, e isto quer dizer que o acolheram como centro de suas vidas. Ele torna-se o modelo do ser humano e fonte de sentido para toda a sua existência.

Foi o próprio Jesus quem os convidou a segui-los.

✆ Leia Mt 4,18-22 para conhecer como isso aconteceu.

Jesus escolheu um grupo de doze homens para ajudá-lo no anúncio do Reino de Deus. Ele primeiro os preparou para depois enviá-los em missão.

ATIVIDADES

1. Leia Mc 3,13-19 e escreva o nome dos discípulos de Jesus.

_____

_____

_____

_____

2. Qual vocação a que todos nós somos chamados?

_____

_____

3. Para você, o que significa seguir Jesus?

_____

_____

4. Qual era a principal tarefa dos discípulos?

_____

_____

5. Como ser "pescador de homens" nos dias de hoje?

_____

_____

6. Atualmente muitas pessoas dão continuidade à missão que os discípulos assumiram. Desenhe Jesus em um barco e ao redor escreva o nome daqueles que anunciam o Reino de Deus: na Igreja, em sua comunidade e em sua família.

O ENCONTRO EM ORAÇÃO

Assim como Jesus chamou os apóstolos, Ele nos convida a segui-lo e sermos seus colaboradores na construção do Reino de Deus. Podemos responder sim a Jesus, dizendo:

Obrigado, Jesus, pelo seu convite. Queremos caminhar sempre a seu lado como os discípulos, agindo como verdadeiros cristãos e colaboradores no anúncio do Reino de Deus, por meio de palavras, gestos e atitudes. Ajude-nos em nossa missão de construir um mundo melhor, de acordo com os evangelhos. Amém!

Encerre este momento cantando com seus colegas e catequista.

 PARTILHANDO COM A FAMÍLIA

Conte sobre o encontro de hoje para sua família e reflitam juntos: Jesus nos convida também a sermos "pescadores de homens". Para isso é preciso responder ao seu chamado.

- Como nós estamos respondendo ao chamado de Jesus?
- Como estamos colaborando na missão de anunciar o Reino de Deus em nossa família, escola, comunidade?

AS BODAS DE CANÁ

13

Bodas quer dizer festa para celebrar um casamento. Jesus, como nós, tinha amigos, e naquele tempo realizou-se um casamento em Caná da Galileia. Maria estava lá e encontrou Jesus e os seus discípulos que também foram convidados.

- Leia com seus colegas de catequese o texto de Jo 2,1-11 para saber o que aconteceu naquela festa.

- Maria, percebendo que não havia mais vinho, contou a Jesus. Escreva o que Ele lhe respondeu em Jo 2,4.

_____
_____

- Maria então disse aos serventes (Jo 2,5):

_____
_____

O primeiro milagre de Jesus foi a pedido de Maria, e os discípulos, ao presenciarem a atitude de Jesus, transformando água em vinho, entenderam algo maior: "a presença do Reino de Deus está no meio de nós".

ATIVIDADES

1. Como nós podemos, nos dias de hoje, atender ao pedido que Maria fez aos serventes? (Jo 2,5).

   _____
   _____
   _____

2. Releia o que escreveu na atividade 1 e responda: Estou fazendo a vontade de Deus? O que preciso melhorar?

   _____
   _____
   _____

 ## O ENCONTRO EM ORAÇÃO

Maria, mãe de Jesus e nossa, interceda por todos nós, pelas nossas famílias, nossos lares. Que em nossos corações sempre esteja presente seu pedido: Fazei tudo o que Jesus disser.

Rezemos uma Salve-Rainha.

Salve Rainha, mãe de misericórdia, vida, doçura, esperança nossa, salve! A vós bradamos os degredados filhos de Eva. A vós suspiramos, gemendo e chorando neste vale de lágrimas. Eia, pois, advogada nossa, esses vossos olhos misericordiosos a nós volvei; e, depois deste desterro, mostrai-nos Jesus, bendito fruto de vosso ventre; ó clemente, ó piedosa, ó doce sempre Virgem Maria.

V. Rogai por nós, Santa Mãe de Deus.

R. Para que sejamos dignos das promessas de Cristo.

 ## PARTILHANDO COM A FAMÍLIA

Durante a festa, Maria esteve sempre atenta para ajudar a quem precisasse. Pense com sua família em algumas atitudes que servem para ajudar quem está sempre ao nosso lado. Como podemos colocar isso em prática?

OS SINAIS DO AMOR DE DEUS

14

Muitos foram os milagres que Jesus fez. Ele se preocupava com as pessoas, amava-as. Seus gestos revelam que Ele é Filho de Deus, que age em favor do seu povo. Vejamos alguns deles:

Milagres
- curou os cegos;
- curou os leprosos;
- curou os paralíticos;
- ressuscitou a filha de Jairo;
- ressuscitou Lázaro;
- curou o homem da mão seca.

Os milagres que Jesus fez tinham a intenção de ajudar as pessoas a compreenderem que o poder de Deus estava com Ele e que era realmente o Filho de Deus.

- Vamos conhecer melhor o milagre da multiplicação dos pães. Leia Jo 6,1-14.

O milagre de Jesus revela a sua proposta para que a comunidade seja sinal do amor e generosidade de Deus, garantindo a todos o direito à dignidade de vida. Por isso, os milagres de Jesus "não se destinam a satisfazer à curiosidade e aos desejos mágicos" (CIC 548), mas a nos ensinar a viver de forma humana e justa.

ATIVIDADES

1. Converse com seu catequista e colegas sobre o texto bíblico. Reproduza-o em forma de história em quadrinhos.

2. Se ficarmos atentos à nossa vida poderemos perceber que muitos são os sinais que nos mostram que Deus está presente, agindo em nosso favor. Escreva alguns exemplos da ação de Deus em sua vida, na escola, na família ou outra situação que queira compartilhar.

_____
_____
_____

3. Jesus fez o milagre da multiplicação dos pães. O que Ele quis nos ensinar com isso?

_____
_____
_____

4. Como podemos, nos dias de hoje, multiplicar os pães e alimentar tantos que precisam. Escreva a sua ideia.

_____
_____
_____

 O ENCONTRO EM ORAÇÃO

Muitas pessoas, quando viram os sinais de Jesus, perceberam que o Reino estava presente nele e que Ele era o Filho de Deus, o Messias anunciado.

Peçamos a Deus para que nós possamos ter a sensibilidade de ver e reconhecer os sinais de Jesus em nosso meio e, assim, renovarmos a nossa fé.

Rezemos a oração do Credo (ver página 78).

 PARTILHANDO COM A FAMÍLIA

Converse com sua família sobre os sinais de Deus em nossa vida. Jesus continua realizando sinais que mostram o amor do Pai por nós. Em nosso dia a dia, pequenos gestos e atitudes podem revelar Deus para as pessoas. Deixem que os outros sejam contagiados pelos sinais de perdão, amor, paz, harmonia, justiça. Alguma outra ideia? Que tal colocá-la em prática?!

15 JESUS, UM MESTRE DIFERENTE

Jesus é diferente de todos os outros mestres de seu tempo, pois ensina como viver por Deus e para Deus!

Para compreender o ensinamento de Jesus é preciso entender algumas coisas:

- As palavras de Jesus são palavras do próprio Deus!
- Jesus é o Filho de Deus que veio à terra dizer a todos nós como Deus, que é **Pai e Amor**, quer que vivamos para sermos livres e felizes.

✍ Ler Mt 4,23-25 para compreender melhor o jeito de Jesus ensinar.

Jesus ensinou a todas as pessoas (ricos, pobres, crianças, jovens, adultos, mulheres...), por meio de **milagres, parábolas e com a sua própria vida.**

As **parábolas** são comparações que utilizam fatos e situações conhecidas da vida do povo. Jesus as usou para transmitir ensinamentos que ajudassem o povo a compreender o modo de Deus ver a vida e como poderiam corresponder ao seu amor.

Jesus transmitiu muitos ensinamentos utilizando-se de parábolas, histórias tiradas do cotidiano das pessoas. Jesus as contava porque elas iam direto ao coração das pessoas e faziam frutificar a semente do Reino de Deus.

ATIVIDADES

Você já deve ter participado de contação de histórias envolvendo príncipes, princesas, bichos... E ouvido a pergunta: Qual a moral da história? Ou seja, qual o ensinamento que ela nos passa. Como nós aprendemos dessa forma, não é mesmo?!

1. Vamos dividir a turma em cinco equipes. Cada uma delas, com a ajuda do catequista, lerá uma parábola e combinará uma forma criativa de apresentá-la aos colegas.

A Ovelha Perdida - Lc 15,1-7

O Semeador - Lc 8,4-8

O Trigo e o Joio - Mt 13,24-30

O Tesouro - Mt 13,44

O Bom Samaritano - Lc 10,29-37

2. Agora escreva "a moral da história" de cada uma, descrevendo o que Jesus quis ensinar:

☼ Lc 15,1-7

_____

_____

☼ Lc 8,4-8

_____

_____

☼ Mt 13,24-30

_____

_____

☼ Mt 13,44

_____

_____

☼ Lc 10,29-37

_____

_____

 O ENCONTRO EM ORAÇÃO

Jesus, o Mestre dos mestres, tinha um jeito diferente de ensinar. Mas o mais importante é que queria nos mostrar o amor de Deus para conosco.

Jesus, nosso Mestre, queremos lhe agradecer por todos os ensinamentos; por revelar um novo jeito de viver, de uma forma mais humana, e em um mundo mais justo, no qual todos podem ser felizes.

❀ Leia em forma de mantra Mt 5,1-12.

Encerre este momento cantando com seus colegas e catequista.

 PARTILHANDO COM A FAMÍLIA

Conte para a sua família sobre o jeito que Jesus Mestre ensinava. Por meio de milagres, parábolas, conversas. A sua vida toda foi um ensinamento.

Conversem sobre:

❀ Quando as pessoas – nosso pai, mãe, tia, irmã(o)... – nos aconselham, nós ouvimos?

❀ Paramos para refletir sobre o que elas estão querendo nos dizer?

UM NOVO MANDAMENTO

O ser humano foi criado por amor e para o amor. Jesus quer que nos amemos como Ele nos amou e, assim, colocou esse sentimento tão sublime em nosso coração.

Em Mt 22,37-40 Jesus ensina os dois Mandamentos que resumem toda a Lei e os ensinamentos dos profetas. Leia e escreva-os:

☼ Primeiro Mandamento:
_____
_____

☼ Segundo Mandamento:
_____
_____

O amor se revela entre as pessoas por meio de gestos e atitudes.

- Ler atentamente o texto bíblico de Mt 25,34-46 e buscar compreender o que ele nos diz.

 Tudo aquilo que fizermos aos outros Jesus considera feito a Ele mesmo.

ATIVIDADES

1. Jesus diz: "Amarás teu próximo como a ti mesmo" (Mt 22,39). Quem é o nosso próximo?

_____

_____

_____

_____

2. Explique como você entende a frase de Jesus: "Amai-vos como Eu vos amei" (cf. Jo 13,34).

_____

_____

_____

_____

_____

_____

3. Olhando a realidade ao nosso redor podemos dizer que as pessoas estão cumprindo o Mandamento que Jesus nos deu? Justifique sua resposta.

_____

_____

_____

_____

_____

_____

4. Releia Mt 25,40 e responda: Quem são os pequeninos nos dias de hoje?

_____

_____

_____

5. Com a sua vida Jesus nos ensina que para se construir o Reino de Deus é preciso ter atitude, ajudar o nosso próximo, servir aos mais necessitados. Você já ouviu falar das obras de misericórdia? Com a ajuda de seu catequista, escreva-as:

Obras de misericórdia espirituais	Obras de misericórdia corporais

O ENCONTRO EM ORAÇÃO

A vida de Jesus é o nosso modelo de amor a Deus Pai e ao próximo. Para crescermos no amor e na caridade vamos ler e refletir o texto de 1Cor 13,4-7.

Leia novamente esse texto com seus colegas, substituindo a palavra caridade por amor.

Oração espontânea.

Canto: Amar como Jesus amou.

PARTILHANDO COM A FAMÍLIA

Conte para sua família que você aprendeu que o amor do qual Jesus nos fala é um amor de atitudes concretas, como: ajudar um colega, os pais em casa, respeitar as pessoas.

🙦 Leia novamente junto com eles o texto bíblico do encontro de hoje (Mt 25,34-46) e pensem em uma forma de vivenciá-lo.

63

17 JESUS NOS ENSINA A REZAR O PAI-NOSSO

A vida de Jesus foi marcada pela oração. Ele rezava em todos os momentos e nas diferentes situações de sua vida: nas sinagogas, na montanha, no deserto, sozinho, com a comunidade.

Em suas orações Jesus demonstrava intimidade para com Deus Pai. Jesus falava com Deus e também o escutava, pois queria que sua vontade fosse feita. É Ele quem nos apresenta seu *Abbá*, o paizinho, com quem se pode conversar em oração.

Os discípulos, vendo a forma com que Jesus se dirigia ao Pai, certa vez lhe pediram: Senhor, ensina-nos a rezar.

❀ Vamos ler Lc 11,1-4 para saber como aconteceu.

Por que os discípulos sentiram necessidade de aprender a rezar?

_____
_____
_____
_____
_____
_____
_____
_____

A oração é a elevação da alma a Deus. Quando rezamos ao Pai estamos em comunhão com Ele e com Jesus Cristo.

ATIVIDADES

1. Jesus falava com Deus Pai o tempo todo, e você? Quando faz as suas orações? Quando fala com Deus Pai? O que diz a Ele?

   _____
   _____
   _____
   _____

2. Você sabia que a oração do Pai-nosso apresenta sete pedidos? Sob a orientação do seu catequista, procure entender melhor esta oração tão bonita, escrevendo o seu significado.

   ☼ Pai nosso, que estais nos céus, santificado seja o vosso nome.

   _____
   _____

   ☼ Venha a nós o vosso reino.

   _____
   _____

   ☼ Seja feita a vossa vontade, assim na terra como no céu.

   _____
   _____

   ☼ O pão nosso de cada dia nos dai hoje.

   _____
   _____

   ☼ Perdoai-nos as nossas ofensas, assim como nós perdoamos a quem nos tem ofendido.

   _____
   _____

   ☼ E não nos deixeis cair em tentação.

   _____
   _____

   ☼ Mas livrai-nos do mal.

   _____
   _____
   _____

3. Escolha um dos pedidos da oração do Pai-nosso e faça um desenho. Lembre-se: explique por que você escolheu esse pedido, escrevendo-o abaixo do seu desenho.

_____
_____
_____
_____
_____

 O ENCONTRO EM ORAÇÃO

Atendendo ao pedido de seus discípulos, Jesus ensina a Oração do Pai-nosso. Agora que a compreendemos, podemos rezá-la meditando sobre cada pedido.

Rezar junto com seus colegas o Pai-nosso.

 PARTILHANDO COM A FAMÍLIA

Converse com sua família tudo que aprendeu sobre a Oração do Pai-nosso e leia com ela Mt 6,9-13. Combinem de, nos momentos de oração em família, rezarem e meditarem sobre um pedido do Pai-nosso.

COMO EU FIZ, FAÇAM VOCÊS!

Jesus realizou sua última ceia com os seus discípulos. Todos estavam felizes porque era a época de comemorar a festa da páscoa dos judeus. Porém, Jesus sabia que havia chegado a sua hora de passar deste mundo ao Pai; que iria morrer na cruz. Porém, antes, quis deixar um exemplo aos discípulos.

 Leia Jo 13,1-15 para saber qual foi a atitude de Jesus.

Jesus serviu ao próximo e a Deus, entregando sua vida para o bem de toda a humanidade. Ele nos mostrou, ao lavar os pés dos discípulos, que a humildade é uma atitude constante de entrega e doação ao próximo como serviço, sem levar em conta a sua posição social. Nós, para servir a Deus, precisamos ter atitude semelhante à de Jesus, colocando nossos dons, nossa vida, a serviço do bem do nosso próximo.

ATIVIDADES

1. Releia Jo 13,1-15 e explique, de acordo com o texto, o que esta frase quer dizer.

    ☼ *Jesus nos mostra uma atitude de humildade: O maior se faz menor.*

_____
_____
_____
_____
_____
_____

2. Siga o roteiro de perguntas e, a partir dele, elabore um texto.

☼ Como podemos nos colocar a serviço, seguindo o exemplo de Jesus?

☼ Quais os tipos de serviço que eu posso prestar? Em casa, na comunidade, na escola?

☼ Converse com seus colegas: Como me sentiria lavando os pés de alguém e permitindo que alguém lavasse os meus pés? Onde me sinto melhor?

☼ Nós procuramos mais servir ou sermos servidos?

O ENCONTRO EM ORAÇÃO

Jesus, ao lavar os pés dos discípulos, dá-nos um exemplo de humildade e amor ao próximo. No Evangelho de João (13,15) Ele nos diz: "Dei-vos o exemplo para que, como eu vos fiz, assim façais também vós".

Todos: *Senhor Jesus, nós lhe pedimos para que nos ajude cada dia mais a seguir o seu exemplo no amor e no serviço ao próximo.*

Orações espontâneas.

Assim seja!

 ## PARTILHANDO COM A FAMÍLIA

Converse com sua família e combine como podem servir à comunidade.

19 PAIXÃO E MORTE DE JESUS CRISTO

A Igreja Católica no mundo inteiro, na Semana Santa, recorda a vida, a paixão, a morte e a ressurreição de Jesus Cristo. Todos unidos na mesma fé e em oração revivem na Sexta-feira Maior a memória de sua morte redentora.

Observe o desenho e pense no significado da cruz e da coroa de espinhos.

- O que a cruz nos faz pensar?
- O que a coroa de espinhos nos lembra?

O amor de Jesus por nós é imenso. Ao se doar, entregar-se à morte na cruz, Ele nos mostrou um amor tão grande, que não é possível medir.

 Leiamos o texto bíblico que relata a morte de Jesus: Mc 15,1-39.

Jesus Cristo se humilhou por nós e foi obediente ao Pai até a morte de cruz. "Ao abraçar em seu coração humano o amor do Pai pelos homens, Jesus 'amou-os até o fim' (Jo 13,11), 'pois ninguém tem maior amor do que aquele que dá a vida por seus amigos' (Jo 15,13)".

 ATIVIDADES

1. O que nos ensina a atitude de Jesus?
_____
_____

2. Leia o texto bíblico: Lc 23,39-43, converse com seus amigos e catequista e depois escreva o que entendeu.
_____
_____
_____

 O ENCONTRO EM ORAÇÃO

De joelhos, em sinal de humildade e adoração a Jesus Cristo, olhemos para a cruz e a coroa de espinhos.

(Uma cruz passará pelas mãos dos catequizandos. Cada um a beijará.)

Cantemos:

O meu coração é só de Jesus. / A minha alegria é a Santa Cruz (2 x)[2].

Jesus aceitou livremente a morte na cruz por amor a cada um de nós. Se estivéssemos no calvário junto à cruz de Jesus, o que gostaríamos de dizer a Ele? (Falas espontâneas.)

Cantemos: *Prova de amor maior não há, / que doar a vida pelo irmão*[3].

 PARTILHANDO COM A FAMÍLIA

Jesus nos amou até o fim e nos ensinou que devemos amar a todos como Ele o fez. Converse com sua família sobre o modo de serem sinais de amor para com as outras pessoas.

---

[2] KELLY, P. *Quem nos separará* [Disponível em http://letras.terra.com.br/kelly-patricia/1280582/ – Acesso em 10/04/12].

[3] *Louvemos o Senhor*. Campinas: Associação do Senhor Jesus, 2000, n. 915.

20 RESSURREIÇÃO DE JESUS CRISTO

Jesus Cristo, por amor, se entregou, deu sua vida por todos nós. Ele morreu verdadeiramente, mas venceu a morte e abriu para a humanidade o caminho para a vida nova.

- Leia Mt 28,1-10 para saber como isso aconteceu.

 A ressurreição de Jesus Cristo é a vitória da vida sobre a morte. Ela nos liberta do pecado, de tudo o que desagrada a Deus e nos afasta dele. A vida nova em Cristo é razão de alegria para todos nós.

ATIVIDADES

1. De acordo com o texto bíblico, responda às questões.

   ☼ Qual o dia da ressurreição de Jesus?
   _____

   ☼ Escreva o que o anjo disse às mulheres.
   _____
   _____
   _____

   ☼ Em Mt 28,7 o anjo diz às mulheres para irem depressa contar aos discípulos que Jesus Cristo havia ressuscitado. Se fosse você, como contaria o que aconteceu às outras pessoas. Registre neste espaço.
   _____
   _____
   _____
   _____
   _____
   _____
   _____

   ☼ Qual o significado da ressurreição de Jesus Cristo para todos os cristãos?
   _____
   _____
   _____

O ENCONTRO EM ORAÇÃO

Cristo ressuscitado nos revela o sentido da vida. Pela sua ressurreição cremos que a vida venceu a morte. Sua morte salvadora e sua ressurreição gloriosa nos mostram a esperança e a vida nova nele.

Rezemos a oração do Credo (ver página 78), agradecendo a Jesus Cristo por estar sempre presente em nossa vida.

PARTILHANDO COM A FAMÍLIA

Converse com sua família sobre o encontro de hoje. Leiam Mt 28,10 e pensem juntos: Onde eu posso "ver" Jesus Cristo hoje?

21 — JESUS E OS DISCÍPULOS DE EMAÚS

No mesmo dia da ressurreição de Jesus, dois discípulos, após os acontecimentos de sua paixão e morte, saíram de Jerusalém e caminhavam para uma aldeia chamada Emaús, muito tristes com os acontecimentos, pois não sabiam que Jesus Cristo havia ressuscitado.

 Leia o que o Evangelho de Lc 24,13-35 nos conta sobre isso.

- O que o texto bíblico diz?
- O que esse texto diz para mim?

Os discípulos de Emaús caminharam com Jesus Cristo. Segui-lo, a exemplo desses discípulos, é caminhar humildemente com Ele no dia a dia, em todos os momentos de nossa vida.

ATIVIDADES

1. Imagine que você seja um jornalista e vai escrever a história dos discípulos de Emaús para um jornal, um site, um blog, uma revista. Como você escreveria? Use o espaço indicado e lembre-se de escolher um título bem criativo.

_____
_____
_____
_____
_____
_____
_____
_____
_____
_____
_____
_____
_____
_____

2. O que mais chamou a sua atenção na história dos discípulos de Emaús? Faça um desenho e depois justifique sua resposta.

_____
_____
_____
_____

O ENCONTRO EM ORAÇÃO

Jesus Cristo se aproximou dos discípulos de Emaús e pôs-se a acompanhá-los. Os olhos deles, porém, pareciam estar vendados, pois não o reconheceram.

Vamos refletir e conversar sobre isso em nossa vida?!

Jesus Cristo sempre nos acompanha.

- Existem momentos em que nós, como os discípulos de Emaús, não o reconhecemos ao nosso lado?

Jesus Cristo lhes perguntou: "Que conversa é essa que tendes entre vós pelo caminho?" Tristes, os discípulos disseram a Jesus Cristo tudo o que havia acontecido. O Mestre sempre está a nosso lado e nos escuta em todos os momentos, seja de alegria ou de tristeza.

- Temos, como os discípulos de Emaús, conversado com Jesus?
- Temos partilhado com Ele as nossas angústias, esperanças e felicidade? Quando fazemos isso?

Quando se aproximaram do povoado de Emaús, Jesus fez menção de seguir adiante. Mas eles lhe disseram: "Fica conosco".

Os discípulos de Emaús tomaram a iniciativa de convidar Jesus a permanecer com eles.

- Em que momento nós estamos dizendo a Jesus: "Fica conosco, Senhor!"?

Quando estavam à mesa, Jesus tomou o pão, abençoou-o, partiu-o e lhes deu. Então os olhos dos discípulos se abriram e eles o reconheceram.

- Quando eu reconheço Jesus como meu salvador?
- Após reconhecerem Jesus, os discípulos comentaram: "Não nos ardia o coração quando pelo caminho nos falava e explicava as Escrituras?"
- Assim como os discípulos de Emaús, o nosso coração "arde", aquece quando escutamos Jesus por meio do Evangelho?
- Quando aprendemos sobre a Bíblia, a Palavra de Deus, procuramos memorizar o que aprendemos?

Depois do encontro com Jesus os discípulos, na mesma hora, levantaram-se e voltaram a Jerusalém para contar a boa-nova: Jesus ressuscitou, e testemunhar o que aprenderam com Ele.

- Em que momentos de nossa vida testemunhamos o amor de Jesus Cristo vivo e ressuscitado? Aos nossos amigos? Em nossa família? Em nossa escola?

Senhor, conceda-nos a sua graça, para que possamos, como os discípulos de Emaús, viver a alegria do encontro com a sua pessoa e, com o coração aquecido, partilhar, semeando a esperança e a felicidade à nossa volta, sendo testemunhas de seu Projeto de Amor.

PARTILHANDO COM A FAMÍLIA

Seja como os discípulos de Emaús, que levantaram na mesma hora para anunciar que Jesus ressuscitou, e conte para sua família a boa-nova do encontro de hoje. Convide-os a pensarem:

- Como podemos anunciar a boa-nova que Cristo ressuscitou às pessoas que convivemos?
- Como podemos revelar o rosto de Jesus?

ORAÇÕES

Pai-nosso

Pai nosso, que estais nos céus, santificado seja o vosso nome, venha a nós o vosso reino, seja feita a vossa vontade, assim na terra como no céu. O pão nosso de cada dia nos dai hoje, perdoai-nos as nossas ofensas, assim como nós perdoamos a quem nos tem ofendido, e não nos deixeis cair em tentação, mas livrai-nos do mal. Amém.

Ave-Maria

Ave Maria, cheia de graça, o Senhor é convosco, bendita sois vós entre as mulheres, e bendito é o fruto do vosso ventre, Jesus. Santa Maria, mãe de Deus, rogai por nós pecadores, agora e na hora de nossa morte. Amém.

Profissão de fé – Credo

Creio em Deus Pai todo-poderoso, criador do céu e da terra; e em Jesus Cristo, seu único Filho, Nosso Senhor; que foi concebido pelo poder do Espírito Santo; nasceu da Virgem Maria, padeceu sob Pôncio Pilatos, foi crucificado, morto e sepultado; desceu à mansão dos mortos; ressuscitou ao terceiro dia; subiu aos céus; está sentado à direita de Deus Pai Todo-Poderoso, donde há de vir a julgar os vivos e os mortos. Creio no Espírito Santo, na santa Igreja Católica, na comunhão dos santos, na remissão dos pecados, na ressurreição da carne, na vida eterna. Amém.

Glória-ao-Pai

Glória ao Pai, ao Filho e ao Espírito Santo. Assim como era no princípio, agora e sempre. Amém.

Salve-Rainha

Salve Rainha, mãe de misericórdia, vida, doçura e esperança nossa, salve! A vós bradamos os degredados filhos de Eva. A vós suspiramos, gemendo e chorando neste vale de lágrimas. Eia, pois, advogada nossa, esses vossos olhos misericordiosos a nós volvei, e depois deste desterro, mostrai-nos Jesus, bendito fruto de vosso ventre. Ó clemente! Ó piedosa! Ó doce sempre Virgem Maria.

V. Rogai por nós, Santa Mãe de Deus.

R. Para que sejamos dignos das promessas de Cristo.

Santo-anjo-do-Senhor

Santo anjo do Senhor, meu zeloso guardador. Se a ti me confiou a piedade divina, sempre me rege, me guarda, me governa, me ilumina. Amém.

Ato de contrição

Meu Deus, eu me arrependo de todo o coração de vos ter ofendido, porque sois tão bom e amável. Prometo, com a vossa graça, esforçar-me para ser bom. Meu Jesus, misericórdia!

RITO DE ELEIÇÃO
VOSSOS NOMES ESTÃO INSCRITOS NO LIVRO DA VIDA

Terminada a homilia, o catequista apresenta ao padre, chamando pelo nome, os candidatos ao batismo, com as seguintes palavras:

Catequista: Caro padre, caros irmãos, aproximando as solenidades da Páscoa, os catecúmenos aqui presentes, confiantes na graça divina e ajudados pela oração e exemplo da comunidade, pedem humildemente que, depois da preparação necessária e de terem sido assinalados com a cruz de Cristo, seja-lhes permitido participar do Sacramento do Batismo.

Celebrante: Aproximem-se com seus padrinhos os que vão ser eleitos.

Catequista: (Chama pelo nome os catecúmenos, acompanhados pelos padrinhos. Levando plaquinhas com os nomes, apresentam-se diante do altar.)

Celebrante: A Santa Igreja de Deus deseja se certificar de que estes catecúmenos estão em condições de ser admitidos entre os eleitos para a celebração do Batismo. Por isso, caros padrinhos, eu vos pergunto:

* *Estes jovens ouviram fielmente a Palavra de Deus anunciada pela Igreja?*

* *Estão vivendo na presença de Deus?*

* *Têm participado da vida e da oração da comunidade?*

* *Diante de Deus, julgais estes candidatos dignos de serem admitidos ao Sacramento do Batismo?*

Celebrante: (Pergunta à assembleia:) Vocês estão de acordo que eles sejam admitidos ao batismo?

Celebrante: (Dirige-se aos catecúmenos:) Vossos padrinhos e catequistas e toda a comunidade deram testemunho favorável a vosso respeito. Confiando em seu parecer, a Igreja, em nome de Cristo, chama-vos para o Sacramento do Batismo durante as solenidades que se aproximam. Vós, que tendes ouvido a voz de Cristo, deveis agora responder-lhe perante a Igreja, manifestando a vossa intenção.

* *Quereis ser iniciados nos sacramentos de Cristo pelo Batismo?*

Celebrante: Dai, por favor, os vossos nomes. (Colocam-se as plaquinhas com os nomes num livro da paróquia.) (O celebrante declara:) Fostes eleitos para os sacramentos da iniciação cristã.

Todos: *Demos graças a Deus.*

Celebrante: (Diz aos catecúmenos:) Tendes agora, como todos nós, ajudados por Deus, que é fiel ao seu chamado, o dever de oferecer-lhe vossa fidelidade e esforçar-vos para realizar plenamente o significado de vossa eleição.

Celebrante: (Dirige-se aos padrinhos:) Considerai que esses catecúmenos de quem destes testemunho vos foram confiados no Senhor. Acompanhai-os com vosso auxílio e exemplo fraterno até os sacramentos da vida divina.

Celebrante: (Introduz as preces:) Irmãos, os eleitos que conduzimos conosco ao Sacramento do Batismo esperam de nós um exemplo de conversão. Roguemos ao Senhor por eles e por nós a fim de que nos animemos por nossa mútua renovação.

(Enquanto são feitas as preces, os padrinhos colocam a mão no ombro do afilhado.)

1. Pelos catecúmenos, para que jamais esqueçam o dia de sua eleição e sejam sempre gratos pelo dom recebido, rezemos:

2. Pelos seus catequistas, padrinhos, pais e familiares, para que os ajudem a seguir a inspiração do Espírito Santo, rezemos:

3. Por todos nós, povo de Deus, renascidos pelo Batismo, para que manifestemos a plenitude da caridade e perseverança na oração, rezemos:

Celebrante: (Conclui as preces com as mãos estendidas sobre os catecúmenos:)

�֍ *Pai amado e todo-poderoso, que tudo quereis restaurar no Cristo e atraís os homens para Ele, guiai estes eleitos da vossa Igreja e considerai que, fiéis à sua vocação, possam integrar-se no reino de vosso Filho e ser assinalados com o dom do Espírito Santo. Por Nosso Senhor Jesus Cristo, na unidade do Espírito Santo. Amém.*

REFERÊNCIAS

Bíblia sagrada – Edição da família. 45. ed. rev. Petrópolis: Vozes, 2001.

Catecismo da Igreja Católica. 8. ed. Petrópolis/São Paulo: Vozes/Paulinas/Loyola/Ave Maria, 1998.

FONSATTI, J.C. *Introdução aos evangelhos*. Petrópolis: Vozes, 2004.

_____. *O Pentateuco*. Petrópolis: Vozes, 2002.

KELLY, P. *Quem nos separará* [Disponível em http://letras.terra.com.br/kelly-patricia/1280582/ – Acesso em 10/04/12].

Louvemos o Senhor. Campinas: Associação do Senhor Jesus, 2000.

MOSER, A. & BIERNASKI, A. *Ser catequista:* vocação, encontro e missão. Petrópolis: Vozes, 2000.

PULGA, R. *Beabá da Bíblia*. 2. ed. São Paulo: Paulinas, 1995.

CULTURAL
Administração
Antropologia
Biografias
Comunicação
Dinâmicas e Jogos
Ecologia e Meio Ambiente
Educação e Pedagogia
Filosofia
História
Letras e Literatura
Obras de referência
Política
Psicologia
Saúde e Nutrição
Serviço Social e Trabalho
Sociologia

CATEQUÉTICO PASTORAL
Catequese
  Geral
  Crisma
  Primeira Eucaristia

Pastoral
  Geral
  Sacramental
  Familiar
  Social
  Ensino Religioso Escolar

TEOLÓGICO ESPIRITUAL
Biografias
Devocionários
Espiritualidade e Mística
Espiritualidade Mariana
Franciscanismo
Autoconhecimento
Liturgia
Obras de referência
Sagrada Escritura e Livros Apócrifos

Teologia
  Bíblica
  Histórica
  Prática
  Sistemática

REVISTAS
Concilium
Estudos Bíblicos
Grande Sinal
REB (Revista Eclesiástica Brasileira)
SEDOC (Serviço de Documentação)

VOZES NOBILIS
Uma linha editorial especial, com importantes autores, alto valor agregado e qualidade superior.

VOZES DE BOLSO
Obras clássicas de Ciências Humanas em formato de bolso.

PRODUTOS SAZONAIS
Folhinha do Sagrado Coração de Jesus
Calendário de mesa do Sagrado Coração de Jesus
Agenda do Sagrado Coração de Jesus
Almanaque Santo Antônio
Agendinha
Diário Vozes
Meditações para o dia a dia
Encontro diário com Deus
Guia Litúrgico

CADASTRE-SE
www.vozes.com.br

EDITORA VOZES LTDA.
Rua Frei Luís, 100 – Centro – Cep 25689-900 – Petrópolis, RJ
Tel.: (24) 2233-9000 – Fax: (24) 2231-4676 – E-mail: vendas@vozes.com.br

UNIDADES NO BRASIL: Belo Horizonte, MG – Brasília, DF – Campinas, SP – Cuiabá, MT
Curitiba, PR – Florianópolis, SC – Fortaleza, CE – Goiânia, GO – Juiz de Fora, MG
Manaus, AM – Petrópolis, RJ – Porto Alegre, RS – Recife, PE – Rio de Janeiro, RJ
Salvador, BA – São Paulo, SP